PARTICIPATIVO

Lucas Muñoz en conversación con
Vernon Collis, Clive van Heerden y Victoria de Pereda.

Madrid, 2016.

MicroLSD tiene un vocabulario (tipo)gráfico propio que hemos creado a traves de una serie de símbolos y recursos de maquetación que irás encontrando a lo largo de los textos.

Paisajes sonoros
Al transcribir estas conversaciones nos dimos cuenta de que el contexto en el que ocurrieron aporta su propia identidad sonora y hemos querido hacerla presente a través de una capa de texto que en ocasiones encontrarás entre líneas [y entre corchetes].

Dinámicas del diálogo
Encontrarás frases entre frases o incluso frases que se pegan a otras. En una conversación abierta y relajada es normal que unos se pisen a otros, o que haya frases de alguien que se cuelen entre las del que está hablando. Para nosotros eso es algo bello que se pierde al transcribir un texto, e incluyéndolo hemos querido celebrar la ligereza y espontaneidad que caracteriza a una charla.

Temáticas irrelevantes
Al charlar distendidamente entre amigos o colegas de profesión es común que los tópicos se vayan hacia lugares más privados o se hable de personas conocidas en común que no se encuentran presentes.Para no despistar al lector hemos hecho desaparecer esas partes de la conversación y hacer emerger de nuevo el diálogo cuando vuelve a ser más universal. Sin embargo, las frases ingeniosas o los pensamientos interesantes los hemos dejado visibles.

Símbolo errático
Este símbolo comparte icono con el de corriente alterna y nos ayuda a entender que la persona que habla ha pensado y —quizás— dudado

cómo continuar su argumentación. Hemos creado este elemento para respetar el carácter líquido e improvisado que caracteriza a una conversación, evitando con ello editar las palabras y no-palabras de nuestro participantes.

~ Sencillo   ~~ Doble   ~~~ Triple

Pausas

En toda conversación ocurren silencios, pausas o lapsos en el diálogo o en la línea de argumentación. Para esto hemos creado este símbolo, que nos sugiere tiempos de silencio, momentos de reflexión, quizás, o simplemente descansos.

Pausa Sencilla —
Pausa Doble =

Risas

Y reímos, cada una con su tipografía, así:

:D   Lucas Muñoz
:D   Victoria De Pereda
:D   Vernon Collis
:D   Clive van Heerden

(VdP) Soy Victoria de Pereda y llevo más de 15 años explorando el diseño como agente transformador hacia la sostenibilidad. Fundé To Dodesign para unir mi pasión por la creatividad con mi compromiso hacia el medio ambiente. Desde el ecodiseño y la circularidad en la moda hasta proyectos estratégicos en el deporte, busco redefinir el impacto positivo de nuestras decisiones. Creo que la educación y el contacto con la naturaleza pueden cambiar la narrativa hacia un presente responsable y regenerativo.

(VC) Soy Vernon Collis, un ingeniero, consultor y arquitecto especializado en el diseño de sistemas sostenibles integrados en el entorno construido. Esto incluye la valoración del impacto holístico de cualquier intervención construida, desde la huella ecológica hasta sistemas que incluyen el sector desempleado o infra-preparado usando las tecnologías intermediarias adecuadas.

[CvH] Hola, soy Clive van Heerden, fundador y director de vHM Design Futures en Londres, una consultoría de diseño estratégico especializada en el futuro del estilo de vida y la tecnología. Antes de fundar vHM, dediqué más de 25 años a la tecnología, empresas que trabajan en la intersección del diseño, la investigación tecnológica y futuros. Fui Director Senior de Design Led-Innovation en Philips en los Países Bajos y Director de Visión y Sondeo en Electrolux en Suecia. Fui pionero en el uso de métodos de diseño especulativo en procesos de creación de nuevos productos y dirigí las sucursales de diseño de Philips en Nueva York, Londres y Redhill Reino Unido.

(LMM) Yo soy Lucas Muñoz Muñoz, trabajo en el campo del diseño como creador de objetos y espacios interiores. Además, extiendo mi curiosidad a través de proyectos de investigación sobre los objetos, sus creadores y usuarios que doy forma en documentales o en crear esta colección de libros.

Hay personas y contextos realmente influyentes en la carrera vital de todos nosotros y, en mi caso, si no fuese por Victoria de Pereda yo tendría otra relación con el diseño. Son ya muchas las conversaciones que hemos tenido y muchos, casi dos décadas, los años que hemos ido observando juntos el devenir de nuestra disciplina. Suya era la dirección del departamento de grado que me graduó en 2005, y suyo fue el primer departamento transversal de sostenibilidad en educación superior en España, posteriormente en la misma escuela. Una pequeña oficina más allá de la biblioteca que, como aquellas baldas de la Biblioteca de Alejandría que alojaban documentos más allá de las de física y fueron por ello llamadas metafísica, su mesa representaba las preguntas al otro lado de la información. ¿Qué es la sostenibilidad sino eso? Preguntas informadas a las que buscamos respuestas interconectadas según una lógica que no se salte nada, como los lomos de los libros de una biblioteca perfecta.

Creo recordar que fue en otoño, en 2016, cuando ocurrieron estas conversaciones que aquí os transcribimos. Invitado por Victoria a ser docente de su programa de máster en Madrid, me encontré con el regalo de conocer y compartir docencia con dos titanes de la visión en el diseño y la arquitectura, la cultura del proyecto, la investigación y la escuela de pensamiento que hoy, y ya entonces, empezaba a sentirse en todo el mundo como una base indiscutible en nuestras relaciones con la transformación material y, como no, social, del entorno en el que habitamos. Clive van Heerden y Vernon Collis, ambos de origen sudafricano, amigos entre ellos y muy amigos de Victoria, son ese tipo de ser humano que pone por delante la pasión por las preguntas al respiro tranquilo de las respuestas.

Sabiendo que coincidiríamos los cuatro en Madrid y que Victoria nos invitaba a cenar a su casa, pensé que sería buena idea comprar y llevar una grabadora. Por aquel entonces yo contaba dos años desde mi graduación en Holanda y en ella había realizado una investigación sobre un medio que, todavía, no era lo que se ha llegado a convertir hoy, los *podcasts*.

Inspirado por el proyecto editorial *El Estado Mental* de Borja Casani, quise encapsular esos momentos y conversaciones sobre diseño a los que estaba expuesto y compartirlos. Ya llevaba años conociendo y compartiendo conversaciones con personajes interesantes dentro del mundo del diseño y recibiendo de esas conversaciones un entendimiento extendido de la disciplina. No paraba de preguntarme por qué no había reparado en todos aquellos matices antes. Estaba adquiriendo nuevas sensibilidades y esa voluntad de compartir la sensibilidad extraída de aquellas conversaciones fue el germen de esta colección, mLSD, editada finalmente en papel por lo ruidoso del primer audio —este que forma este libro— con sus tenedores, *burratinas* y, en general, falta de experiencia y exceso de ingenuidad por mi parte. Escuchánolo de nuevo hoy, entiendo lo inmaduro de muchas de mis opiniones, pero también el cómo esa inmadurez, en un entorno de amistoso respeto, es el detonante de pensamientos, comentarios y reacciones que de otra manera hubiesen quedado silenciosamente implícitos.

Fue aquella una conversación entre generaciones, entre momentos vitales y, al fin y al cabo, entre cuatro seres humanos que, como me dijo Borja al leerlo, tienen en común aquello que nos une hoy en día a todos: que sabemos que hay un problema, pero nadie tiene ni idea de la solución.

C. VAN HEERDEN + Y. COLLIS + Y. DE PEREDA

¿Tienes una definición de diseño?
¿Una definición de diseño? Hoy. Ya sabes,   LMM CvH
bueno, creo que creo que el diseño
es   es   es. Una futura definición   LMM
de diseño   digamos. Me   CvH
gustaría pensar que es la aplicación
creativa del pensamiento crítico. Para mí
es eso, es encontrar soluciones muy, muy
útiles ~~ Y no solo solucionar problemas
~~ sino encontrar soluciones útiles a partir
del análisis. Y la comprensión mediante
la investigación, mediante la comprensión
de un área, sea lo que sea, un tema, lo que
sea, ~~~ es algo que proviene de abordar
las cosas de manera muy, muy crítica
y de comprender cuestiones complejas,
políticas, económicas, medioambientales,
etc., y no simplemente mirar las cosas
desde un punto de vista estético   o de

MLSD²

conflicto,　　　o lo que sea. Entonces no lo sé,　　　　　　　por supuesto, el empaque estético de las cosas es diseño. Creo que esa es la menor de nuestras contribuciones importantes. Más importante es crear　　　construir nuevas, ya sabes, crear nuevas oportunidades, ya sea organización social, formas en que las comunidades podrían trabajar, soluciones políticas. Y todos esos son temas del diseño. No hay límite para eso. Y no tiene que ser necesariamente material. Ni tiene que ser restringido a un área específica. Cualquier cosa está abierta al análisis crítico y reconfiguración, re-desarrollo.

LMM **Desde le punto de vista del diseño, claro.**

CvH Claro, desde el punto de vista del diseño tenemos que involucrarnos en ello.

LMM **¿No es esto, en cierto modo, una forma de intrusismo profesional? ~ Un poco como ¿ser un intruso?**

CvH Sí, es un poco intrusista. Pero para llegar a ciertos sitios no tengo ningún problema en atravesar la gatera, aunque prefiera entrar normalmente por la puerta, pero si es necesario pues atravieso la pared. XD Cualquiera

LMM CvH de las áreas mencionadas puede ser mejorada de una manera extensiva. Creo que tenemos que avanzar mucho aún en este sentido. Como sudafricano he visto grandes transformaciones, creo en la capacidad de que las cosas cambien a escalas gigantes- cas. Y es que no no   ~ me siento feliz de hacer preguntas estúpidas. Y estoy muy, muy feliz de llamar a puertas que   que están, que aparentemente están más allá de mis límites, por así decirlo. Sabes, no creo que haya ningún tema en el que les diseñado- res no deban involucrarse, donde se pueda contribuir   con nuestro punto de vista.

¿No ocurriría lo mismo con cualquier otra profesión? Absolutamente. Como dije, no hay exclusividad. Y yo, ya sabes, soy muy, muy insistente en trabajar en situaciones con la mayor biodiversidad que podamos generar. **¿Cómo es que todos están presio- nando a los nuevos, estudiantes, gradua- dos o profesionales, para que piensen de esa manera o se muevan de esa manera?** Es porque creo que la gente protege sus pequeños feudos, ya sabes, y ellos, noso- tros   nosotros estructuramos los espacios y los envolvemos en mística sobre las habilidades,   el conoci-

LM

CvH

LM

CvH

MLSD[2]

miento en general y el conocimiento secre-
to de algo. Y muy a menudo esas cosas son
una cortina de humo, y son esas cosas las
que nos dividen.   Son esas cosas
las que nos intimidan. Nos hace no coope-
rar para colaborar. Sabes, yo
 yo, creo que es muy, muy desafortunado,
la verdad. ~~~   La colaboración es lo más
gratificante que se me ocurre, ¿sabes?

LM **Sí, pero ¿cómo podemos tratarlo, cómo lo
has hecho tú, sin caer en la dinámica del
mercado?**

CvH Bueno, creo que estamos empezando por la
educación. Las escuelas progresistas están

LM CvH empezando a hacer eso. ^Sí Las escuelas
progresistas están viendo que es necesario
hacerlo.
Necesitamos derribar las barreras entre
disciplinas. Necesitamos dejar de decir,
bueno, esto es dominio exclusivo de un área
particular, bajo una etiqueta particular. Es,
precisamente,   si el
diseño no comienza a darse cuenta de que
necesita hacerlo, de que necesita ver los
datos bioquímicos, ya sabes, o el análisis
socio-científico como la materia prima del
diseño, como la carne y las patatas de lo
que hacemos, seremos historia rápidamen-

te, dinosaurios.   Somos

sí, seremos dinosaurios. **Pero hay cosas**   LMM

muy complejas de entender de un solo

vistazo, especialmente cuando empiezas.

Cierto. Y necesitamos entender nuestras   CvH

limitaciones. No lo sé, tengo patentes en

disciplinas de las que no tengo ningún co-

nocimiento técnico. Claro, claro   Pero eso no   LMM CvH

impide generar la idea y luego encontrar la

experiencia para ayudarte a

validar   validar y desarrollar la solución.   LMM CvH

Tendemos a pensar que los diseñadores

no pueden pensar más allá, que no

pueden inventar. Por supuesto que

pueden inventar. Es posible que no sepan

hablar de matemáticas, por así decirlo,

metafóricamente. Pero si, sí

                    ya sabes, si no

trabajamos de manera interdependiente,

                no lo hacemos,

          no nos arriesgamos a contribuir en

muchas de las áreas en las que podemos

hacer una contribución enorme, podemos

marcar una gran diferencia. En primer

lugar, debemos pensar en las personas. En

segundo lugar, debemos pensar desde un

punto de vista particular,   desde

un posicionamiento dentro de nuestra

MLSD^2

profesión. Y como dije, no me limito a un sello que diga, ya sabes, estos son los límites de mi oficio. Estos son los límites de mi alcance. Me gustaría contribuir en cualquier lugar donde las ideas importen, donde las ideas puedan marcar la diferencia. Una buena idea

LMM es una buena idea. ¿Y cuál es el escenario para eso? Bueno, una vez que trabajas en ello, una vez que tienes la idea, una vez que haces la colaboración, entonces, ¿cuál es el desafío en cuanto a la forma de lanzarla al mundo? ¿Cuáles

CvH son los canales? Bueno, eres muy, muy dependiente. Ya sabes, ciertamente, en el espacio en el que estamos la mayor parte de lo que hacemos es, muy a menudo, habilitado por tecnología, muy a menudo se trata de áreas de oportunidades nuevas y emergentes basadas en, basadas en, industrias intensivas en tecnología. Aunque no exclusivamente, pensamos también en pequeñas cosas, en detalles, pero muy a menudo, la mayor parte de nuestra historia ha transcurrido en ese espacio. Y eso requiere, ya sabes, financiación corporativa. Requiere proyectos con fondos que son relativamente importantes. ~~~ Creo que la educación es el lugar para comenzar. Necesitamos empezar a capacitar a personas que tengan una perspectiva mucho más amplia que la que les brinda la educación de diseño tradicional. **Y a la vez** LMM **la educación no debería terminar nunca.**

No podría estar más de acuerdo. Creo que CvH cualquier persona que no esté aprendiendo algo nuevo cada año, alguna metodología, disciplinar o no, alguna cosa, o es vago o es estúpido. Para mí, esto es lo que la vida es. Un aprendizaje continuo, eso es lo más excitante.

Creo que sería interesante poder LMM **escuchar vuestras opiniones, sobre conceptos como el de la autoconsciencia durante el proceso creativo. Sé que trabajáis mucho sobre ese tipo de intervenciones con estudiantes.** Mhm CvH LMM **Me gustaría que hablásemos sobre la creación de equipos, del colectivo y de la creatividad** y de ese momento en **el que uno toma autoconsciencia y ha de bajarse del pedestal, ¿no?** CvH

Totalmente, hemos hablado mucho sobre procesos críticos, y creo que eso incluye

MLSD^2

a uno mismo, se refiere a comprender
nuestra propia posición. Por supuesto,
Vernon lidia mucho con esto en su trabajo,
y en mi relación laboral con Jack Mama,
una de las razones por las que hemos
trabajado tan exitosamente durante
tanto tiempo ~ a pesar de que nuestra
experiencia profesional es completamente
diferente, nuestros intereses distintos
y de que también tenemos una manera
completamente distinta de ver el mundo
~ nos las hemos arreglado para trabajar
sin ego. Cuando Jack me dice que una
de mis ideas no es tan buena, confío
totalmente en su juicio, sé que no trata
de tirarme abajo, que dice la verdad y
viceversa. Somos brutalmente honestos
el uno con el otro. Pero, en general,
creo que tienes que ser brutalmente
honesto contigo mismo, que tienes que
entender tus propias limitaciones, tus
propias razones para hacer lo que haces,
cuáles son tus motivaciones, cuáles tus
expectativas y cuánto de ellas estás
usando para influenciar un proceso.

LMM　　　　¿No existe también un tipo
de autoconsciencia que no se refiera
exclusivamente al individuo sino a la

sociedad, a un equipo, ^{sí} a un territorio o **VC LMM**
una autoconsciencia cultural?Sí, diría que **VC**
la palabra que queremos usar para esto
es "consciencia" ~~ Creo que el viaje que
un diseñador debería hacer, sería realizar
tanto trabajo como para poder observar
qué prejuicios o preferencias tiene. Dicho
de otra forma, todos tenemos ciertas
maneras de observar el mundo y no somos
conscientes de ellas. ^{mhm}   Todos **LMM**
hemos sido ideados, pero no pensamos **VC**
en que hemos sido ideados.   **Hemos** **LMM**
sido ideados, sí, hemos nacido dentro de
ello, como dijo Bukowski. Nacidos dentro **VC**
de ello. {Se oye un microondas de fondo en la
cocina} Creo que el mayor reto para un
diseñador, o para cualquiera, es conocerse
tan bien como para saber cuáles son las
lentes que le han sido dadas. ~~~¿Qué
es lo que ha sido dado? ~~~ Porque lo
que hacemos es,   pienso, nosotros,
los diseñadores, desde mi experiencia
personal, es,   cuando no era
consciente de lo que me había sido dado,
sumado a mí diciéndome a mí mismo
"esto no es una manera, es mi manera". Si
tienes a alguien que no es consciente del
contexto desde el que piensa, y además

empieza a creer que esa es su manera y no una manera más, y si eso lo pones en un trabajo en equipo, todos se atascan. No va a avanzar. Será una lucha de defensas desde posiciones defensivas.

LMM **Sí, ¿cómo lo haces avanzar entonces?** ~~~

VC Si cada individuo tiene un propósito para sí mismo, para una comunidad. **¿Dentro**

LMM

VC **un grupo?** Y del planeta; entonces, en un proyecto, este debería ser su propósito y el porqué están ahí, por qué intentan hacer lo que intentan hacer y para qué ¿Cuál es su propósito para el grupo? Solo como un ejemplo, si tu propósito es ayudar a aflorar la creatividad de todos los demás, obtendrías diferentes ángulos y puntos de vista.   En otras palabras, si no hay cocreación, y si un individuo quiere venir al grupo y compartir sus ideas, y se pone a sí mismo en el centro y busca que su idea sea la idea ganadora ~~~~ en contra de ~~~~ imagina que le damos la vuelta y decimos: "¿cómo podemos trabajar todos juntos para crear un espacio seguro en el que compartir ideas sin que estas sean absolutas y así poder dejar que algo completamente nuevo emerja?" Esto es en lo que estoy interesado.

Esto lleva tiempo, no es simplemente LMM
coger a un grupo aleatorio de personas,
ponerlos en un cuarto y pensar que eso
va a funcionar. Necesitas trabajar con VC
ellos durante un tiempo para darles
las herramientas para que puedan
llegar a ese punto. **¿Y cuáles son esas** LMM
herramientas? XD Las herramientas VC
serían   herramientas de reflexión, y
para esto necesitarán trabajo. Es un
largo camino. Pero algunas personas
llegarán a ello bastante rápido, otras
ya están allí. Es una reflexión que nos
lleva a replantearnos la manera en la que
te han criado y cuáles son tus niveles
de consciencia al respecto ~~~ Las
herramientas serían   elementos para
ser consciente de ti mismo y de tu viaje
personal y, además, ser consciente de
cómo ser relacional. Muchas personas
no son necesariamente capaces de llegar
a esto ~ es entenderte a ti mismo
con la ayuda de ejercicios de relación.
~~~ Son herramientas para entenderse
a uno mismo, haciendo ejercicios para
relativizar y posicionarse en un contexto
superior a las individualidades de las

propias personas~~~ hay diferentes niveles de uno mismo. Cuando eres consciente de algo mucho mayor a ti mismo, silencias una parte negativa de tu ego, la parte más egoísta de

LMM VC tu ego. **Es un tipo de intersubjetividad.** Sí, por ejemplo, estábamos hablando de Don

LMM VC Álvaro y de nuestro presidente. ^{sí} Nuestro presidente no está diciendo "sirvo a un país, estoy aquí para servir al país, mi intención es servir al país y su gente lo mejor que pueda", si él fuese consciente y claro en ello, no sería un problema. Se está poniendo a sí mismo y a sus amigos primero, a costa del resto del país. A un gran coste. Este es un ejemplo claro de alguien que escogió un camino en el que su intencionalidad fue en detrimento

LMM del resultado. **¿Cómo traduces eso a un proceso creativo? ¿El país sería el mundo?, ¿o los recursos?**

VC En un proceso creativo en el cual tú y yo decidimos crear algo, primero tenemos que encontrar un espacio común en el que ser muy claros sobre el contexto al que

LMM estamos sirviendo. **El cual no siempre es el**

VC **cliente, aunque lo sea.** En un proyecto en equipo primero nos tenemos que servir el uno al otro, porque queremos que nuestra creatividad florezca. Vamos a servir a nuestro equipo y luego necesitamos identificar a quién va a servir el equipo: sería la gran comunidad del planeta. Si todo el mundo tiene voz, con cada decisión que se toma, al final uno debería sentarse en la Luna y preguntarse: ¿Es esta una buena decisión para el planeta? Si la respuesta es sí, lo tenemos. **No siempre es este el caso, ¿me equivoco?** LMM

No, los diseñadores no suelen hacer bien al planeta por regla general. Se hacen las cosas por interés local. Por ello, el interés en lo local suele tener un coste sobre algo muy lejano. Un buen ejemplo es el Museo de Bilbao. **Sí, titanio.** LMM

Titanio, sí ~ Y te digo que el autor no era consciente de ello. Yo te lo garantizo, si nosotros lo lleváramos a las minas y playas que se están despellejando en África y se las mostráramos. **No lo habría hecho de titanio.** Probablemente habría buscado otra manera de ejecutar el proyecto. VC LMM VC

Él no estaba al día de cuál era la fuente de esos recursos. Es algo que nos ha pasado a todos durante mucho tiempo. Hemos empezado una desconexión y nos hemos separado de la fuente de nuestros recursos. Hemos fragmentado todas las tareas en tareas más pequeñas. Si alguien se limita a juntar puntos y piezas, ¿cómo va a ser consciente de lo que está sucediendo? El sistema nos ha roto.

LMM ¿Cuáles son las fuentes con las que tenemos que conectar? Las fuentes accesibles, porque, por supuesto, hay investigaciones profundas y y conocimientos que todos deberíamos tener en cuenta, que son la base de cómo suceden todas estas cosas. Pero ese conocimiento no se muestra a las personas que emplean los materiales, ya sean arquitectos, diseñadores, artistas o gente de la industria de

VC LMM la construcción. No está siendo mostrado No está siendo mostrado. No hay consciencia de ello. Entonces, estábamos hablando sobre la conciencia de uno mismo. Y antes yo estaba también soltando aquello acerca de la consciencia dentro de una sociedad, de un territorio o de una disciplina, en este caso en esa autoconsciencia, ¿cuáles serían las fuentes en las que buscar que no sean solo académicas o investigaciones crípticas?

VC Diría que quiero volver a la pregunta y

27

demandar cuál fue la causa de nuestra desvinculación de las fuentes.

Y puedes responder tu propia pregunta. Creo que es importante entender la razón. Si volvemos quinientos años atrás, la desvinculación era diferente. Muchas personas dirán que esto era así porque había menos gente, pero creo que toda la comunidad ~~~ toda la comunidad estaba involucrada en la producción. Todos estaban implicados y tenían que conseguir los recursos. Hemos llegado hasta la actualidad y la ciencia nos ha otorgado una visión reduccionista, pero también pienso que el capitalismo se ha basado en un pensamiento de bienes de consumo. Claro Los humanos empezaron a pensar en bienes de consumo y la la la la fuente de las materias primas se ha separado del mercado. Sí Un arquitecto es un buen ejemplo. Un arquitecto mira a su catálogo de materiales, nunca de dónde vienen, por lo que la seducción del catálogo se convierte en LA fuente. No buscan qué hay detrás. ~~~ Mira a sus tareas y su única fuente es el catálogo. **Mira a precios y caliades** Creo que el *marketing* y el sistema económico

LMM VC

LMM VC

LMM VC

LMM VS

LMM VS son tan perversos que no sabemos siquiera cómo mirar más allá de ese punto. La LMM VC gente pobre sabe. **Y podríamos.** Sí, podríamos, pero esto viene dado por el sistema educativo que no nos incita a mirar más allá. Si pienso en la ingeniería: nunca se discute el origen de los materiales. Le puedes preguntar a cualquier arquitecto ahora mismo cuál es la historia del hierro o del cemento y será incapaz de responder. No conocen de dónde realmente proviene el material y, a pesar de ello, son capaces de especificarlo en todos sus CVH VC proyectos. ¿Clive? Sí, **interesantre.** Nuestro trabajo es en esa fractura del proceso del hacer, de la división del trabajo. Esta división no ocurre solo de manera horizontal, sino que también lo hace de forma vertical. La separación es lo que se da por sentado y por eso la gente piensa que esa LMM es la manera de hacer las cosas. **Pero no lo** VC LMM **es.** No lo es. **No es lo correcto, pero es lo que da más beneficios. Es una manera de hacer ciego a un territorio a los problemas de otro territorio y diversificar el daño a** VC **través de distintos espacios y naciones.** Sí **No hemos eludido el daño, está ahí. Solo lo** VC **hemos desplazado.** Y la mayoría de esto

29

está ocurriendo en África, en Sudamérica
y en   el Sudeste Asiático. **La pregunta** LMM
es, otra vez, para una futura generación
de creativos, ¿cómo conectar con esto? ¿A
qué hay que mirar y cómo hacerlo? ~~ No
está en las noticias… quizás haya señales
débiles en la prensa, pero ~~

~~~ Sí, hay señales débiles en las noticias. VC
Imagina que en tu sistema educativo
todas las asignaturas dejaran espacio para
que aprendieras la historia de los materiales y cómo funciona el planeta. En otras
palabras, yo diría que si nos sentásemos
alrededor de una mesa un grupo de diseñadores, la Tierra debería sentarse aquí
también. Ahora la única voz que tiene
la Tierra es ~~~ los océanos tienen a los
oceanógrafos, la de los animales la repre-
sentann los zoólogos, la de las plantas los
botánicos.   Siempre hay diferentes
disciplinas, pero ninguna de estas personas están aquí, en el equipo de diseño
Esto es el valor real, es verdaderamente LMM
el capital. Exactamente. No tenemos en VC
cuenta su perspectiva y nos vemos atrapa-
dos dentro de nuestra creatividad. No hay
ningún antropólogo sentado aquí ^mhm,^ LMM
^mhm^ ni un psicólogo, ni un sociólogo. Lo VC

mismo que vosotros estáis haciendo, sentados en un triángulo de tres diseñadores, que son como dioses que están tomando todas las grandes decisiones sobre los materiales, los métodos y sobre todo lo

LMM demás   Y ¿qué hay del control de daños? **Sí, pero, por otra parte, es un gran privilegio el tener una mesa que incluya zoólogos, botánicos y demás.**   **Me refiero, ya es bastante cara la carrera del diseñador autónomo. El trabajo creativo ya es una lucha grande con el proyecto**

VC **en sí**No me refiero a tenerlos aquí física-

LMM mente. ~~~ **Ya, pero,**   **me refiero, necesitas tener el conocimiento. ¿Cómo puedes conectar con este conocimiento si no es a través de la educación?**

VC Cuando entrenas a estas personas, a estos profesionales, no les deberías convertir en especialistas, les deberías convertir en personas conscientes de que existen otras disciplinas y otras referencias ~~~ Te podría contar la historia el aluminio y te cambiaría la percepción de este material para el resto de tu vida y sólo me llevaría diez minutos. Pero esa historia   ~~~ la pregunta es   ~~~Clasificamos y separamos todos los temas de una manera en que las disciplinas no se tocan. Esto es un tema al que creo que Clive puede aportar mucho **XD** **LMM**

¿Eh? Bueno, creo que es interesante ver lo que ha sucedido en el nombre de la eficiencia. Cómo hemos aplicado la separación de los procesos del posfordismo y postaylorismo, cómo hemos aplicado los principios de la fábrica y deslocalizado el proceso de trabajo separando a las personas e individualizando las tareas. Nos arrebatan la creatividad que involucra hacer una cesta o un par de zapatos, o lo que sea. Esto también lo estamos aplicando a la educación escolar. Estudias matemáticas por separado de geografía, de música cierto y de lengua. No entendemos ninguna de estas cosas de manera integral. Significa que no aprendemos a través del descubrimiento, sino que lo hacemos a través de lo que nos enseñan, el sí nos ceban con tubo curriculum. No se entienden las distintas fases del desarrollo de la mente humana en ningún momento, y se niega todo descubrimiento, que es muy importante para cualquier proceso creativo. Eso es lo que hacemos también con las artes manuales ~ alguien empie-

CvH

LMM CvH

VCL LMM

CvH

za a desarrollar sus habilidades para bailar, para la música, para crear escenarios, para dibujar o pintar cuando tiene ocho años, y ya cuando pasa por el instituto sólo al 10% se le considerará creativo; y cuando ya está en su segundo trabajo o en su segundo grado, es un especialista. Se convierte en un experto en resolver problemas, con una completa inhabilidad para ver las cosas desde otra perspectiva que no sea para la que fue entrenado. Ahí es donde está el problema. ~~ Vernon estaba hablando sobre el mundo enviándonos señales. El mundo es un organismo biológico que se comunica y nos manda señales.

VC CvH VC Nos da *feedback*. Absolutamente. ¡Y señales CvH fuertes!Y los diseñadores están por ahí sentados, discutiendo sobre moldes de inyección para plástico o metal laminado en LMM lugar de... **¿Todavía estamos discutiendo** CvH **eso?** Bueno, creo que hay cambios. En LMM CvH parte porque nos vemos forzados [si] y en parte porque la gente es más consciente de ciertas cosas. Pero en mi experiencia, en el momento en el que presentamos posibilidades biológicas y microbiológicas, que se autoabastecen, autorreparan

y son autoadaptativas para nuestros
productos, existe un "elemento sorpresa",
porque no esperamos nuevas fórmulas,
porque esperamos {Maullidos de un gato}
uniformidad, esperamos consistencia. Si
una tetera evoluciona de cierta manera
y otra lo hace de manera diferente, las
valoraríamos de la misma manera en que
valoramos tomates en el supermercado.
{Maullidos de un gato} Si no tienen el mismo
color, tono y forma, {Chirrido de puerta}
pensaríamos que hay algo que está mal
en ellas. Si no aceptamos el envoltorio
rechazamos el producto. Y hacemos   VC
lo mismo con las personas. Exacto, la   CvH
biodiversidad dentro de la comida que
consumimos en el supermercado se
ve como una aberración. De manera
similar, las diferentes maneras de
pensar que tiene la gente se ven también
como aberraciones, como inferiores,
incorrectas, porque no parecen
conformes con la manera en la que nos
acercamos o pensamos un problema.
Si pensamos en el proceso de diseño,   VC
uno de los grandes logros   de
la humanidad es el método científico.
Este método requiere investigar pequeños

"trozos". Esto es muy útil, pero lo negativo es que, eventualmente, cuando los mercados se quieren aferrar a esto, pues

LMM comienzan a hacer lo mismo: trocear. **Está**

VC **muy basado en los nichos.** Y cuando dividen las tareas, cuando, en vez de hacer todo el zapato, una persona solo hace una parte del zapato, la están alienando. Y las personas alienadas se deprimen. En realidad, estamos viendo la alienación de nuestra sociedad. Todos los nuevos medios y los nuevos métodos no ayudan necesariamente a la integración, sino que crean alienación. Entonces, el problema crea este fenómeno ~ es que los humanos quieren máquinas nuevas, máquinas que

LMM hagan el trabajo, como en Japón **mhm**

VC ~ pero en realidad no es que quieran hacer eso, sino que lo hacen porque

LMM están realmente alienados. **También es lo que se nos da. Se está supliendo una**

VC **necesidad de una manera más fácil.** Pero hay algo detrás de eso, la gente solo busca algo porque hay otro problema. Y creo que hay una profunda alienación en la

LMM sociedad. **¿Pero no piensas que si tomas esa tecnología y la transportas quinientos años atrás en el tiempo, no funcionaría?**

Con la sociedad de entonces, ¿no sería alimentarla con algo muy simple, comida de gato preparada? Creo que cuando   VC
estoy trabajando, estoy participando
en el presente, y no estoy alienado. Soy
parte de un equipo de personas y estoy
disfrutando la experiencia, yo no quiero
cambiar eso. Los mejores momentos de
mi vida consisten en trabajar con equipos
maravillosos de personas creativas,
divirtiéndonos. Honestamente, estoy
en camino a los sesenta y si miro hacia
atrás, mis mayores alegrías han sido
cocrear con personas, riendo, disfrutando
la experiencia humana, haciendo algo
juntos. ~ **Y eso es algo que puede ser**   LMM
**terrible también. Construir la bomba
nuclear pudo probablemente tener
momentos maravillosos, pero crearon una
máquina de destrucción, o la creación del
Guggenheim**   Yo creo   cuando veo   VC
la documentación de la bomba atómica,
veo que muchos de ellos estaban muy
descontentos   **probablemente en**   LMM
ese momento Sí, oigo cocreación, pero   VC
lo que estoy preguntando Pero eso no fue   CvH
cocreación, el Proyecto Manhattan [sí] fue   VC CvH
tiranía, con estos equipos competitivos,

MLSD[2]

sabes que todo se trataba de engañar, se ocultaba la información y el proceso era horrendo. Las personas del proyecto no llegaban a entender las consecuencias completas de lo que estaban haciendo. **Es como el taylorismo, trabajando solo en los pequeños detalles.**

LMM

CvH VC Absolutamente. ~~ Digamos que, para cada proyecto, nos sentamos en la Luna y reflexionamos sobre lo que estamos haciendo y vemos si sirve a todo el mundo ~ **Esas son las primeras preguntas que alguien se debería hacer antes de embarcarse en cualquier proyecto.**

LMM

VC Cualquier proyecto es, aparte de "quiénes somos", ¿cuáles son mis intenciones?, ¿cuál es mi propósito?, ¿cuál es el propósito del equipo, ¿quién es el cliente?, ¿a quién servimos? **¿Qué pasa**

LMM

CvH **si no hay un cliente?** Siempre hay una

VC motivación.   Siempre hay un cliente. El cliente es el planeta Tierra en última instancia. **La palabra cliente es muy**

LMM

VC **fuerte. ¿No?** Bueno, significa alguien a quien le estás prestando un servicio, y eso puede ser algo positivo. Si estoy haciendo algo, siempre estás haciendo algo, siempre tienes una musa para la que estás haciendo algo. Si soy consciente del planeta, al menos lo tengo como referencia. Ya está la comida lista, así que cuando queráis, ya podemos cenar. **Las prioridades son prioridades, la comida es la comida.** Hasta ahora estamos saltando de tema en tema. Tengo una metodología de mapeo.

VdP

LMM

VC

mhm

El mapeo es la metodología que uso para evitar enamorarme de una idea loca, con eso me basta. Cualquier idea debe tener algún equilibrio para asegurarse de que sirve a los demás del equipo y al planeta ~~ sí Desde el año 2000 todo ha cambiado. Ahora sabemos demasiado sobre el planeta y las consecuencias de cómo diseñamos, las señales ya no son débiles. Fueron débiles en los años sesenta. Se fortalecieron, ¡y son tan fuertes ahora! todo lo que nos sostiene no está sobre la mesa cuando estamos diseñando, y ya no podemos hacer eso. Todo diseñador debe tener al planeta en el centro de su proceso creativo.

LMM VC

LMM VC

Creo que muy, muy críticamente, que si estás tratando de presentar escenarios futuros que son alternativas a la forma en que se hacen las

CvH

cosas, a lo que es el enfoque central de la mayoría de la actividad comercial... eso no se toma muy en cuenta, así que muchos de los escenarios que nosotros presentamos son una crítica hacia ello: hemos presentado a compañías electrónicas escenarios que no incluyen electricidad ni electrónica, que consideran el desperdicio como un activo, como parte de un ecosistema que se puede juntar para tratar de resolver este tipo de problemas. Creo que esa es una forma de pensar muy importante. Hicimos una publicación que resultó polémica hace unos nueve años, llamada "La era biológica". Comenzaba con una descripción de cómo el mundo nos envía mensajes, con problemas que son casi antibiológicos y las soluciones fueron biológicas. Necesitamos empezar a pensar de una manera ecosistémica e intentar integrarla ~~~ La naturaleza no conoce el desperdicio ~~~ si comenzásemos a aplicar todos los principios naturales a la forma en que abordamos la tecnología y a la manera en que aplicamos la tecnología para resolver problemas, tendríamos muchos menos problemas.

Entonces es un área totalmente llena LMM
de oportunidades, pero por otro lado
es ~~~ completamente Como ya sabes, la CvH VC
creatividad es infinita y los recursos
son limitados. El planeta es
limitado, los recursos del planeta son
limitados, la creatividad es infinita.
~~ Cuando critico a Bilbao la gente dice~~ hay una infinidad
de soluciones que se podrían haber
hecho. La gente dice que hay
una cantidad ilimitada de soluciones
que se podrían aplicar. Las disciplinas
creativas se equivocan porque miran
hacia un resultado único y piensan
que es la única solución; mientras que
hay un millón de otras soluciones que
se podrían haber tenido en cuenta
en las que se podría satisfacer
al planeta y al... **al cliente o lo que sea:** LMM
el planeta, la ciudad de Bilbao. Siempre VC
hay un montón de clientes. El diseñador
también es un cliente - intentando satis-
facerse. Pero también está la comunidad,
los trabajadores, etcétera. Pero el cliente
también es quien lo va a hacer real. ¿A
quién le puedes dar el trabajo? ¿De dónde

MLSD²

LMM vienen los materiales? ¿Es ético? ¿Sirve para el bien mayor? **Queda un gran camino por recorrer, quiero decir, viendo cómo está el mercado y cómo están las cosas afuera, esta es la manera ideal, pero, siendo crítico, no es cómo funcionan las cosas.**

Entonces, ¿cuáles son las amenazas y los desafíos de ese camino ideal del que estamos hablando?

VC Creo que con el sistema económico, si confiamos en las corporaciones para liderar, estas tienen un interés local y

LMM VC no un interés global. **Mhm** Creo que hay cuatro "grandes pilares" en la sociedad que la mantienen firme. Estos cuatro pilares son las formas en que los humanos construyen la ética o la forma en que reciben orientación. Cuatro

LMM grandes pilares **¿Cuáles son?**

VC LMM El primero es la religión, **también la**

VC **ideología entra en eso.** Cuando me criaron ~~~ a mi alrededor ~ la mayoría de las personas que seguían aquello, lo escuchaban... escuchan lo que Dios dice, lo que Allah dice o lo que Buda dice. En este momento, solo el Papa ha balbuceado

41

algo que tenga que ver con el planeta.
No escuchamos nada del judaísmo, del
islam o del hinduismo. India en este
momento está en un gran lío, y no se oye
pronunciarse a la religión allí sobre eso
~~ Entonces, me viene a la cabeza ¿qué es
la religión? ¿Está prestando un servicio
a las personas, al planeta o al todo?
El segundo pilar es el gobierno. Esta es
la segunda cosa que la gente escucha.
Lo que diga Nelson Mandela la gente lo
hará. Hitler, Churchill, da igual,
   ¡dicen algo y la gente lo hace! Así de
poderoso es un gobierno. El tercer pilar
es el corporativo. Las empresas envían
mensajes fuertes. Qué ropa tienes que
vestir, qué coche eliges conducir, cómo lo
haces   son mensajes muy fuertes. Las
empresas solo tienen intereses locales.
Tenemos que ponerlos a bordo. El último
y el más poderoso de estos pilares es la
educación. La educación tiene el papel
más importante, porque, a la larga,
alimenta a los otros tres. Y dentro de
la educación, la que se hace en casa es
muy importante. La educación lleva al
liderazgo de los otros tres pilares. **Es una
inversión a largo plazo, de alguna manera.**   LMM

MLSD²

VC El problema con la educación superior es que se ha convertido en algo comercial, corporativo. No reta al pensamiento y no empuja a los individuos al liderazgo que necesitamos. Tenemos que preguntarnos "¿qué hacemos, por qué lo hacemos, al servicio de quién estamos?"

Estamos al servicio de las empresas. ~~Lo sé por la universidad, hasta la investigación está

LMM financiada por las empresas. **Sí, pero eso viene del modelo victoriano industrial,**

VC **¿no es así?** Exactamente, es el modelo victoriano que sigue vivito y coleando. Ahora, entre esos cuatro pilares, lo que encaja entre ellos, son los medios. Los mensajes que provienen de las redes sociales, no son tan fuertes, pero están profundamente arraigados en nuestra sociedad. Entonces, esa es la razón por la que la educación es lo más básico. Estos diseñadores, cuando salen de la universidad, pueden tener una idea de quién, del estado del planeta y ver cuáles son las señales que este nos envía y responder a ellas. Pueden convertirse en diseñadores éticos y responsables. Pueden ser diseñadores, ingenieros o

arquitectos   estos son los
tres grandes roles que afectan al planeta.
~~~Quiero decir, imagina si la Iglesia
estuviera diciendo algo, imagínate si
el Imán y todos los líderes religiosos lo
estuvieran haciendo.

**Entonces, esas son las amenazas, ¿cuáles
son las oportunidades?**   LMM

Imagínate si todos los pilares estuvieran   VC
al unísono, y se dieran cuenta de que lo
que nos sostiene, el planeta, debe ser in-
cluido en el proceso. Todavía tenemos un
enfoque antropocéntrico. **Enorme ~~**   LMM

**   Mientras leía sobre ti, leí algo
sobre les consumidores como productores,   de pasar de ser consumidores, a
ser productores de recursos para todas
las demás especies.   Eso fue
realmente interesante.** Mm **Por lo tanto,**   VC LMM
**en lugar de pensar en como somos les
consumidores, ~ hemos pasado de ser
ciudadanes a consumidores** si **en algún**   VC LMM
momento, en los últimos 100 años si **~ Y** VC LMM
**hay un paradigma futuro que dice
que somos productores de recursos para
otras especies y hay que diseñar con eso
en mente. Entonces, cualquier basura o
cualquier cosa serían potenciales recursos**

MLSD²

para otras especies porque, al final, todo
es cíclico ~~   ¿Cuál es   el
camino hacia eso? Ya hemos hablado algo
al respecto. Creo que hay   una
cosa central que es necesario cambiar.
Y hay unos responsables de esto. No son
solo los que pagan, es decir, las corporaciones, sino que también son las personas
que asumen la responsabilidad del diseño,
los que firman los dibujos técnicos, como
un ingeniero o un arquitecto. Se produce
una negociación en la que es muy difícil
equilibrar estas dos cosas
el cliente corporativo o el cliente guberna-
mental y pensar en un lenguaje común es
~~   ¡entra! :D

{Tintineo de cubertería, la comida llega a la
mesa}

VC — Esa es una buena pregunta. Con
Clive hemos hablado mucho sobre esto.
Comienza, como hemos dicho antes,
la educación es primordial. La edu-

LMM — cación es lo primero. **Sí, ¿pero cómo**

VC LMM — **educas para ello?** ¡Escuelas! **No solo desde
las universidades, sino también desde**

VC — **las escuelas, ¿no?** Definitivamente.
Los cuatro pilares de los que hablábamos
necesitan reunirse y decir "¡tenemos que

hacer algo!". Pero la educación es lo más importante. Uno de los problemas es que   si observas todas las escuelas de arquitectura, las escuelas de ingeniería y las escuelas de diseño del mundo, la ecología es un tema difícil de introducir. Pero la ecología es el centro de todo, entonces tenemos que darle la vuelta, la sostenibilidad es el NÚCLEO de todo. En otras palabras, no es solo un tema, es modificar el cómo pensamos. {Ruido de cubiertos y platos}

El pensamiento de esas disciplinas surgió en el siglo XIX.   La sostenibilidad es el pensamiento actual,   ~~ es trabajar con los sistemas, no desde los sistemas. **Sí, pero no solo desde un punto de vista espacial, sino también desde un punto de vista de tiempos.** Sí, todo; material, tiempo, espacio.   **Creo que el tiempo es un elemento clave ahí, como la descomposición** La cuestión es que el problema se resolvería por sí mismo si, en la educación y en todas partes del mundo, todos entendieran el proceso. Estamos desconectades de los procesos. Mhm Hace trescientos años, todo lo que era comida, todo lo que se hacía, toda la familia no solo todos entendían de donde venían

LMM

VC

LMM

VC

LMM VC

LMM esas cosas, sino que sabían cómo hacerlo. Eran conscientes del ciclo de vida, de los tiempos y de los procesos. **Todo era de origen local.**

VC Ahora, la gente piensa que el agua sale del grifo, suena muy exagerado y cliché, LMM ¡pero es verdad! ¡Lo sé, me pasó con niños! Estaba trabajando con niños y no podían comer pollo con huesos porque les recordaba que el pollo es un animal. Solo habían comido pollo sin huesos como el del KFC. ¡Pechugas de pollo! ¡y eso durante toda su vida! ¡Niños de seis años! Cuando les tocaba un trozo de pollo con hueso, sentían rechazo.

~~~ Entonces ¿Desconexión de los pro-cesos? VC Lo intento resumir: si conectamos LMM con los procesos, ganamos. Sí, pero, quiero decir, entiendo esto totalmente, y estoy de acuerdo en que es una inversión a largo plazo. Pero, a corto plazo, para aquellos creativos que están mal educa-dos y mal desarrollados, ¿qué podemos hacer ahora mismo? ¿Cómo podemos tener las herramientas para negociar por el bien de nuestra propia autoconsciencia, como decíamos? Alrededor de una mesa

en la que se negocian proyectos creativos o también cuando haces tus proyectos personales. Hm, vamos a tomar distancia y darle tiempo. ¿Qué hay que hacer y para cuándo? Luego podemos responder a las urgencias, a lo que se necesita hacer ^sí

~~~ A la tasa de crecimiento actual, la comunidad científica y económica dice que nuestro cambio de hábitos, la forma en la que construimos las ciudades y la manera en que hacemos las cosas debe cambiarse para el año 2030 ^wow y que para 2050 tenemos que estar ya en un modo sostenible **¿En todo el mundo?** En todo el mundo **Es esto real, es esa la realidad de**Fui a una conferencia en Oxford sobre esto y dicen que están precavidamente confiados **¿Qué opinas de esto, Clive?** Disculpa, ¿precavidamente confiados de qué? ^XD Que para 2050 ... ~ Déjame que mejor te ponga en contexto. La Humanidad se puso a construir ciudades hace diez mil años. **Y cada revolución cultural después de eso** ^y ciudades, edificios ^adobe Entonces, hasta hoy, todo lo que se construyó en los últimos nueve mil o diez mil años lo llamamos *stock* de edificios actuales. Así que si vuelas por

VC

LMM

VC

LMM VC

LMM

VC

LMM

CvH

LMM VC

LMM

VC LMM VC

Madrid o por Estados Unidos, a eso se le

LMM VC llama stock de edificios. ^{Ok} Con la tasa de crecimiento poblacional que tenemos, que es exponencial en la clase media, sumado al crecimiento de la población en India, China y África, este *stock* de edificios tendrá que reconstruirse para el año 2050. Así que habrá dos Madrid, dos Londres.　　　　　El crecimiento exponencial es difícil de entender. Así que si esa es la proyección de la tasa de crecimiento del planeta, la población de África será de

LMM cuatro billones para el 2100.. Tenemos que ser

VC más sostenibles Es el continente con la tasa de crecimiento poblacional más rápida. Entonces, ese crecimiento exponencial es algo difícil de entender. Si ese crecimiento ocurrió, la pregunta es: ¿de dónde van a salir todos estos materiales? Cuando digo materiales, no es solo cemento, sino todas las tuberías, el acero, el vidrio y el cobre que abastecen a estas ciudades. Entonces, Madrid se duplicará. Doble-Madrid significa nada en África, pero Madrid se construirá totalmente de nuevo.

LMM **En veinte años desde ya.**

VC Los sistemas económicos no están escuchando. Por ejemplo, tienes el pro-

49

blema del plástico a nivel mundial. Creo
que solamente Coca-Cola ha declarado
que habrán rediseñado sus botellas de
cara al 2030. Es una gran corporación. Eso
es lo poco que puede hacer en doce años.
¿Qué esperanza tenemos si un jugador a
nivel global con esos recursos no puede
hacer nada en doce años? Yo creo que las VdP
personas también están enviando señales.
La humanidad está enferma, absolutamente
enferma. Como nunca. Los sistemas están
alterados. Todo está alterado. ^{Sí, sí} Ahí hay **LMM** VdP
grandes señales, es un caso de ~~ Pero no VC
están escuchando. Y no van a escuchar, VdP
pero al final es tremendamente caro todo
lo que está pasando, a nivel salud, infraes-
tructura . **Pero ¿es más rentable seguir así?** **LMM**
Siempre aparece como argumento lo que
es rentable. . Es una cosa verdaderamente VdP
a corto plazo. **Creo que deberíamos cenar.** **LMM**
Sí. **Creo que estamos matando a Clive** VC **LMM**
XDD XDD **XDD** XDD todos

tenéis que convencer a Lucas de que cam- VdP
bie su mentalidad
los diseñadores influencian cómo piensa VC

MLSD²

la gente   cuando se construyó el museo de Bilbao se transmitió a todo el mundo que el titanio era bueno y hacía bien

{Tintineo de cubertería} Hay una segunda cosa   que tenemos que tener en cuenta, ya que los diseñadores pueden influir en lo que la gente piensa. La única manera que tenemos de enfrentarnos al reto de la Tierra es introducir algún

LMM VC   tipo de espiritualidad. **¿Espiritualidad?** No

LMM   religión, espiritualidad. **¿Cómo definirías**

VC   **la espiritualidad contemporánea?** Es una

CvH   manera de tratar con lo desconocido. Esto

LMM   **es mitad mascarpone, mitad mortadela? ¿Es como una**

burrata, no?   {Victoria le explica a Vernon lo que están comiendo}

CvH VC   **Mm, está rico**   Espiritualidad significa que hay algo que está por encima de ti

LMM   que no puedes entender por completo. **Es**

difícil   **hacer que las personas crean en una ideología mayor. Ahora mismo, digamos, el humanismo es la ideología predominante que ubica al ser humano como la especie más valiosa de todas. Ya sabes, si te pones terriblemente enfermo, terminas conectado a una máquina**

durante cinco o siete años, agonizando, y eso tendrá más valor que dejarte morir. **Carece de espíritu.** He oído de personas,⁣ bastante humanistas, que se han dado cuenta de que la única forma en la que podrán trabajar con el planeta, conectar con el planeta, es asumiendo algo de espiritualidad. Algo que les dé un poquito más,⁣ una visión más elevada. **Pero hay algo que parece estar mal con la palabra espiritualidad, ¿no te parece? Socialmente,** Yo creo... **digamos, en la sociedad occidental, la espiritualidad se percibe como algo "New Age" y eso evita que la gente se sienta identificada.** No hablo de espiritualidad "New Age", creo que lo "New Age" devaluó el concepto de espiritualidad, hablo de conectar con el planeta. En otras palabras, no estoy intentando aprovecharme del planeta para mis necesidades,⁣ eso es eso es⁣ lo que el humanismo actual es, una ideología que pone al humano por encima de todo **No está del todo bien en llamarlo "el planeta" o "madre tierra", todo eso está fundamentalmente equivocado, ¿no? Estamos hablando de un profundo, complejo e intrincado**

VC

LMM

VC LMM

VC

LMM

VC **mejunje de organismos.** Yo conecto conmigo mismo, con la comunidad y con el planeta   ~   Uno mismo, los otros y el contexto.   Tienes que estar conectado contigo mismo, con la comunidad y tienes que entenderlo todo dentro del contexto de la Tierra.

CvH ¿Qué estás diciendo entonces? ¿Estás hablando de una interdependencia con algo mucho más grande, con un sistema

VC mucho más grande que tu mismo? Vivimos de un sistema que es mucho más grande que nosotros, ~ todo lo que hay en esta mesa viene de algo. Algo que nos ha sido generosamente dado, o que nosotros hemos tomado, y aun así no consideramos que sea parte de algo que ha sido diseñado. ~ Eso significa que tenemos que hacernos la pregunta: ¿Qué es lo que ha ido tan mal en nuestra relación con la cosa que nos otorga todo esto? ~ Es equivalente a ~ como si creciésemos y cortásemos la relación con nuestra madre y después la golpeásemos y asesinásemos lentamente cortándole la nariz, apagándole cigarrillos   ~~~ ¡Nuestra propia madre! Eso es lo que hacemos con la Tierra. Mira los océanos   ~ ¿Cuál es la diferencia entre unos niños que destruyen a su propia madre y nuestra relación con el planeta? ^{Bueno} Algunas LMM VC veces se necesita algo más elevado, algo que esté por encima de nosotros, mayor que nosotros. **No estoy seguro de que** LMM **eso funcione de esa manera. El planeta seguirá existiendo sin nosotros, aunque sea como una gran roca muerta que órbita en el espacio. Es nuestro hogar, nuestro medio, nuestro espacio para vivir, las condiciones que nosotros necesitamos para vivir. No estamos hablando de matar a nuestra madre, estamos hablando de quemar nuestra propia casa.** Sí y no, eso VC viene un poco de la presunción de que la naturaleza, como las ballenas y las demás cosas, carecen de inteligencia o de sentimientos. Yo pienso que sí que los tienen. ^{Sí, los tienen} Pero no tienen voz, la LMM VC ley solamente nos representa a nosotros. En otras palabras, ellos no pueden representarse ni defenderse a sí mismos. Esa es la última línea. Los corales, el bosque, los animales y etcétera no pueden protegerse a sí mismos. **Y tanto. No existe** LMM **un arrecife de coral consciente que pueda defenderse de los humanos** La gente tiene VC que darse cuenta de que hay que cuidar del medioambiente por puro egoísmo. Que no hay nada mejor ~ yo obtengo una gran satisfacción cuando cuido de un jardín o de un bosque y lo veo saludable. Hay muchas personas que piensan que necesitamos cuidarnos a nosotros mismos y es fácil pensar de esa manera, pero vernos como una gran comunidad global

LMM si fuésemos capaces de ver eso~ **Eso es muy fácil de ver desde una posición,**

VC LMM **pero no tan fácil desde otras.** ^{Hm} **Digamos no es tan claramente perceptible desde África como lo es desde aquí. Estamos hablando desde una situación privilegiada. En cambio, la situación estando unos escalones por debajo, es una cuestión de una lucha con la realidad del día a día que**

VdP VC VdP Bueno, eso depende. ^{Depende, sí} En África puedes encontrar fuertes relaciones con el

LMM VdP contexto. **Totalmente.** Y las personas puede que tengan una consciencia diferente,

LMM VdP puede que no hablen de ello ^{Sí} pero aún

VC VdP así está ahí. ^{Aún está ahí} Nosotros estamos

VC más desconectados. Sí, me refiero, tener una casa o un Mercedes Benz y todas esas cosas no significa ser necesariamente feliz.

LMM VC ^{No} Ahora que he descubierto estos niveles

de consciencia, no sería más feliz con todo eso. Asumimos que una vez alcanzamos los estándares europeos.

Creo que esta situación impone ciertas cosas en los demás, es decir, para que esto pueda ocurrir {Refiriéndose a la cena y el contexto} las cosas tienen que ser una mierda en el otro lado. En muchos sentidos, como estabas diciendo, ~ cuando yo estaba en la India, estaba devastado con como se vivía el día a día allí. ¿Te refieres a que te estabas esperando el cuidado del medio ambiente? No, pero esas personas son verdaderamente felices en su interior, no sé si eso tiene algo que ver con la religión, con el hecho de saber que tu alma se ha salvado de alguna forma y que por eso puedes estar callado.

La vida puede ser un infierno a tu alrededor, pero en tu interior todavía estás bien. Estas son las personas con más dignidad y felicidad interior que yo nunca haya conocido. Por otro lado, su contexto: un infierno. Mm

¿Qué opinas Clive? Creo que es interesante que ~~ Yo ciertamente no puedo decir que sepa mucho sobre la India. {Los pasos de Victoria se acercan a la mesa}

LMM

VC

LMM

VC

CvH

VC VdP VC

VdP **LMM** VC

CvH

VC CvH

VC CvH

VC

VP

VC CvH

LMM

VC

LMM CvH

¿Hay más? Me voy a llevar el Menuda ensalada que has preparado a llevar el couscous **El couscous** Está delicioso, ¡Gracias Victoria! Creo que hay una iniciativa muy interesante en la India sí, sí, por ejemplo, diseñar una ciudad, como Orival en Francia, con perspectivas de crear conexión espiritual sí, ahora se están despertando con la Tierra y esas cosas. No soy un experto y no sé demasiado del asunto. Lo que es verdaderamente importante sobre la salud en la India está en el medio ambiente. ¿Alguien más quiere burralita? La ensalada está deliciosa Muy rico Por favor, Vernon {Lucas le sirve más ensalada a Vernon} Me encanta {Victoria pone un plato en la mesa} Eso se ve estupendo ¿Cuándo preparaste todo esto? Mientras estabas... Mientras charlábamos {Lucas sirve más vino}

Me voy

tualidad". La gente se aparta, ¡se bloquea! VC
Sí, porque para ellos es hablar de "New LMM
Age". Sí, eso hizo mucho daño La espirituali- VC
dad significa que hay algo superior, por LMM VC
encima de uno mismo. Una versión de ti
más elevada. ~~~ Estaba sentado en el Shi
Institute en la India, hablando con gente CvH
durante una cena, y me preguntaron qué
me había llamado más la atención de la
India. Les dije que una de las cosas que más
me había chocado era lo espiritual que era
allí la gente. Ellos no estaban para nada de
acuerdo conmigo y me dijeron que la espiritualidad tenía que ver con el espíritu, con el
espíritu propio, con el alma.   Esta
definición nunca antes la había considerado
así. **No es sobre dioses o divinidades, es
más un espíritu intersubjetivo.** LMM
Es algo contemplativo, ya sabes. Bueno, estoy generalizando a lo loco otra vez, sobre CvH
lo increíblemente diversa que es la sociedad. Quizás sea más fácil mirarlo de otra
forma, en antítesis: ¿qué no es espirituali- VC
dad? **¿Qué no es?**
Sí, ¿qué no es espiritualidad? LMM
¿El dinero? XD Pues eso **La espiritualidad no** VC

MLSD²

LMM VC LM **es el dinero.** Exactamente, entonces eso

VC no es espiritualidad, ¿qué más? **Bueno es**

LMM **totalmente una ficción como cualquier**

otra cosa etérea, cualquiera de los otros

acuerdos ficticios que tenemos.

¿Yo? Yo, yo, yo, **yo, yo, yo, yo, yo**

VC LMM **El Gobierno, España, la patria.**   Enton-

VC ces, la espiritualidad es algo más grande

que todo eso. **Pequeño, grande, está fuera**

LMM **de escala, creo. Es algo líquido que puede**

llenarlo todo. Algo más elevado que tú

VC **Sí, bueno**   no sé   vale

LMM {Pausan para comer}   Este vino está

muy bien Sí, no me gusta mucho   es biodinámico, sé

que es porque lo hace solo no ¿Biodinámico? No lo creo

LMM VC VC   Simón está volando ahora, mañana

cultura, a la cultura occidental. Creo que
la creatividad está ahí, pero que simplemente no tenemos suficientes personas
aplicándola. También hay algo ahí sobre   LMM
la distribución de recursos, no solo de
los recursos del planeta sino   ¡Oh!   VC
¡Recursos humanos! Pero también tal y   LMM
como son las cosas, cómo   a dónde
van los presupuestos ~. Las prioridades
están totalmente mal. Podríamos vivir sin
petróleo, pero todavía lo usamos para los
coches ^exactamente porque todavía existen   VC LMM
industrias y compañías que se benefician
de ello, es muy poderoso. Si coges quince
de los barcos más grandes que existen,
contaminan más que todos los coches del
mundo juntos. ¿De verdad? ¡Sí! ¡Quince!   VC LMM
Uno, dos, tres, cuatro, cinco~~~
Necesito tres manos para contar.   Quince
de los barcos más grandes. ¿A qué tipo de   VdP
barcos te refieres? De transporte, logística. LMM
¡Barcos de mercancía! ¡Coges quince de
los más grandes y su gasto equivale al
de todos los coches del mundo juntos! El   VdP
transporte de mercancía en barco es de lo
más sostenible que hay. Lo sé por los LSA

MLSD²

(live second assessment) que he hecho. Los barcos de transporte, por el volumen que son capaces de llevar, son lo más sostenible

LMM **Puede que sea eficiente en ese sentido, pero de todos modos, quince de los más grandes, puestos juntos, contaminan más que todos los coches del mundo.**

VdP ¡Es difícil de creer! Tengo que comprobarlo.

LMM **Compruébalo.**

VC Existe un problema mayor. Todos los diseñadores actuales son corruptos. Es algo que Clive ha mencionado antes Los diseñadores aman la eficiencia. Y también aman todo lo que diseñan.

VdP Ni siquiera, ni siquiera, porque ellos ni saben.

VC Aman diseñar cosas de las que puedan decir: "Mira, yo puedo hacer esto y puedo hacer el trabajo de cuatro personas". Los ingenieros, en particular, aman hacer eso.

LMM **Te diré que ese pensamiento es realmente**

VC VdP **de ingeniero.** Sí, definitivamente Sí, más que

LMM de diseñador. **Los diseñadores son de otra**

VC **pasta.** Es la regla de oro de los ingenieros les encanta diseñar algo que ~~ Dicen: ";¡Mira!, hemos diseñado toda esta fábrica y solo se necesitan dos personas para operarla. Es por eso que creo que la eficiencia ha diseñado a las personas fuera de la economía. Los ingenieros están diseñando a gente fuera de la economía. . Eso es fundamentalmente malo ¡No! ¿No es eso bueno? Quiero decir, por hacer algo fordista, como mover un tornillo de una plataforma a otra, o verificar si la tapa está bien pegada. No quiero que la gente haga eso, quiero decir eso es muy alienante para los trabajadores Vamos a tomar el camino contrario. En Sudáfrica, encargas un proyecto en el que hay que cavar veinte metros de tuberías: podrías traer máquinas para hacerlo, o bien, emplear a cincuenta personas. Personas que no disponen de otra opción, porque no tienen para comer. Sí, eso sería pan para hoy y hambre para mañana. Pero bueno, a lo mejor hoy podría ser muy bueno estar dando trabajo a cincuenta personas. Por otra parte, da igual, el sistema no funciona de esa forma. Bueno, ahora en Sudáfrica hay una nueva ley que obliga a que un cierto porcentaje de los trabajos se realicen de forma manual ~ En África enfrentamos un desafío diferente, las personas no tienen educación y no están cualificadas. ¿Cómo

VdP
LMM
VC
LMM
VC

MLSD^2

VdP pueden integrarse en la economía? Sí

VC Solo pueden hacerlo a través del trabajo manual, no pueden entrar de otra manera.

LMM Vale, eso hoy. ¿Y en el futuro? No puedes simplemente seguir confiando en ese modelo económico porque está denigrando el valor del humano si no **eres hábil, no trabajas.**

CvH Incluso si continuamos aplicando esa lógica ~ la lógica en la cual, ya sabes, en la que la tecnología aparta a las personas y reemplaza la labor humana por máquinas. Escucharemos cómo las personas serán relocalizadas en otros puestos y en otras actividades. Y tienden a no hacerlo. Nos están hablando del potencial de la tecnología, que está llamando a la puerta trasera ~ inteligencia artificial, máquinas con capacidad de

dP **LMM** CvH aprendizaje, mhm **mhm** tecnologías de

LMM CvH escaneo láser. **Y más** Etcétera Robótica. ~~ Y por primera vez en la historia, no son las personas de menor cualificación las que están siendo desplazadas, no son las personas con actividades más intensas. El doctor de cabecera que hace diagnósticos generales, ciertos trabajos análogos, ese tipo de cosas. O abogados. ¿Sabes? ~ no recuerdo las estadísticas, pero cuando se lanzó el robot abogado en los Estados Unidos para procesar multas de aparcamiento, fue un muy buen indicador^{Sí} de lo que estaba pasando. **Salvó como a cuatrocientos mil.** Exactamente, estaba configurado para hacer algo muy simple. Y se está expandiendo muy rápidamente. Del mismo modo, el médico de cabecera en el Reino Unido ~~~ por lo tanto, el tsunami de desplazamientos va a ser muy muy interesante durante el próximo período. **Sería un buen desplazamiento. El problema es que ~~ lo que está mal es tratar de mantener el sistema funcionando de esa manera. Quiero decir, no sabemos cómo hacerlo después de eso.** Pero, por ejemplo, lo de dar trabajo a los refugiados no es ninguna broma. **No, no es una broma, nada es una broma. Pero si puedes hacer que una máquina haga esto ya sabes, cómo procesar multas de aparcamiento.** No, necesitas que una máquina haga lo que nosotros no podemos hacer. Eso es algo distinto^{Efectivamente} Como drones, quiero decir, hay drones que están llegando a lugares

LMM CvH
LMM
CvH

LMM

VdP

LMM

VdP

VC
VdP

MLSD²

que no podemos. Es extremadamente interesante   como recopilar datos o lo que sea. Pero reemplazar todo ¡Es absurdo! No hay manera de que los humanos puedan ser reciclados en un proceso diferente. De ninguna manera.

LMM   Quiero decir, no existe. Es imposible. **Es imposible con la mentalidad que tenemos ahora, pero, quiero decir, mira lo que pasó con el cambio de los caballos a los coches, si le preguntásemos al alcalde de Nueva York**

VdP   No, es algo totalmente distinto.

LMM   No tiene nada que ver. **Es una escala diferente, pero es un desafío real. Es una realidad, y no debería verse como si tuviéramos que condicionarla y limitarla.**

CvH   No estoy de acuerdo ~~ por ejemplo, un salario en una gasolinera, si miras a una tecnología increíblemente simple y básica, lo miras y dices "eso es trabajo manual" de repostar gasolina a los automóviles en una gasolinera. Pero en Sudáfrica, viven veinte personas de las ganancias de quien hace eso.

VC VdP CvH   Sí Sí En gran parte trabajando

VC   por propinas. ¡Y no habrías ganado nada!

CvH   ¡Nada! Si vas a Japón y ves a la gente presionando botones en los ascensores y parándose en una recepción, piensas que "en realidad está destruyendo sus almas, ya sabes destruyendo sus mentes."

~ Sabes que tienes que equilibrar eso con condiciones de trabajo a tiempo completo. ^{Sí} No es necesario reemplazar a todo el mundo. La ventaja económica es muy pequeña que si limitas las condiciones de competitividad y dices, "espera, eso no va a pasar". Estamos legislando ~ que es un área que estamos ~ introduciendo tecnología que no es necesaria. ¡Preservarías empleos, y al preservar empleos, preservarías el sustento de las personas! ¡De comunidades enteras! **Este es un punto de vista centrado en el trabajo ~ Las personas deben tener una ocupación, entonces 'tendrá' que ser mejor que una persona presione un botón en un ascensor durante veinte u ocho horas al día que** $^{En\ vez\ de\ estar\ sentado\ en\ casa}$ **No lo creo ~ Creo que si esa persona está bien educada desde el principio.** ¡Pero no todo el mundo puede estarlo! No, no, no. **Estamos hablando a largo plazo, no me refiero a este mismo instante.** Lucas, no hay lugar para tal cosa, es imposible. Por cambiar de ejemplo, ¿sabes cuántas máquinas se necesitan para trasplantar cultivos en el

VC CvH

VC

LMM

VC LMM

VdP

VC LMM

VdP

mundo? Quiero decir, España es un país

LMM agrícola.   **Sí, necesitas un tractor y una persona para cuidar trescientas hectáreas. Cuando antes solías necesitar**

VdP **setenta personas, o a todo un pueblo.** No puedes hacer permacultura con un tractor, te lo digo. Y ese es el futuro del planeta.

LMM **Bueno, entonces el trabajo humano vale más la pena allí que en un ascensor presionando botones o repostando gasolina a un automóvil. Quiero decir, para mí eso es una devaluación del trabajo.**

VdP Ese es un punto de vista muy occidental.

CvH LMM **Totalmente. ¡Estoy hablando a largo**

VC **plazo!** Es un punto de vista muy europeo.

VdP Es un punto de vista de privilegiado.

VC Lucas, en serio. Tienes que ver que las personas con un alto nivel de educación salen de Europa, Australia, América del Norte y algunos otros   ¿En África?, la mayoría de la población ha cursado tres, cuatro, cinco años de escuela, no tienen nada. Y no hay un estado del bienestar en África, lo hay

LMM en Europa. Allí no. **Sí, y lo resolvemos diciéndoles "ve a repostar gasolina a**

VC LMM **un automóvil en una gasolinera".** No, no, no

VC **¿Es eso una solución?** No, deja que me

explique. En Europa existe un tejido social. Cuando las personas no tienen trabajo, hay algo para ellos. En África, no hay nada.^{ya} Esas personas, si no tienen un puesto de trabajo, no están incluidas en la sociedad, no tienen la sensación de pertenecer a una comunidad. El trabajo no es solo trabajo. Esos muchachos que trabajan en la gasolinera se lo pasan bien cuando llenan tu automóvil en Sudáfrica, adoran su trabajo, están orgullosos de estar allí y se sienten incluidos. Pueden llevar dinero a casa y cuidar de su familia. Si una máquina les quita el trabajo, creo que ya es un problema ético.^{Sí} Yo no puedo. **Estoy totalmente de acuerdo, pero aun así no está bien. Estoy totalmente de acuerdo en que no se puede poner una máquina aquí MAÑANA y acabar con sus trabajos. ¡Pero el sistema que nos condujo a este punto no está bien!** No, porque no puedes criticar ese hecho aislado. Tienes que mirar a todo el sistema económico. **¡Sí! ¡A lo que estoy mirando es a todo el sistema económico! Es una realidad muy dura.** Lo estás mirando como si todo fuese blanco o negro. Ahora estamos hablando de África. Miremos veinticinco años hacia

LMM

VC

LMM VC

LMM

VC

LMM

CvH

delante. Habrá 9,4 o 9,5 miles de millones de personas en este planeta, un 70% urbanizado e imaginamos que tendremos los mismos niveles de educación, servicio social y empleo que tenemos ahora.

La mayoría de estas personas viven en comunidades sin iluminación en las calles,

VdP sin parquímetros o impuestos.. viven en

VdP **LMM** VC barriadas Viven en barriadas. Absolutamente **Si**, Sí

CvH No están contribuyendo al pago de los impuestos, hay un 90% de desempleo en la mitad de los asentamientos informales de Sudáfrica ~ decir que no está bien que alguien esté repostando gasolina a un automóvil es ~ hacer ese tipo de juicio es ~~~ Imagina que hay una alternativa, y no la hay en este momento, e incrementalmente no la va a haber. Y eso no es solo un fenómeno

VC VdP africano\sia, Sudamérica. Es en todo el mundo, hay refugiados climáticos en

CvH VdP todo el mundo **Exactamente** ¿Sabes cuántos asentamientos hay en Colombia? Es la segunda más grande del mundo.

LMM **¡Sí! ¡Entonces es un problema mundial! ¡Es un fallo mundial, por eso debemos organizarnos para afrontarlo como algo**

VdP **global!** ¡Hablas de una forma muy poco

madura!

¡Lo sé! Pero, ¿qué es la comunidad global? ¿Desde cuándo existe una comunidad global? Lo cuentas en una docena de años. Dado que hay una interconexión en la comunidad global ni siquiera~~¡Ni siquiera! Entonces estamos ante un nuevo paradigma, y es hora de volver a pensarlo y hacer comentarios conservadores del tipo: "Bueno, entonces, ¿cómo vamos a resolverlo? ¡Démosle un trabajo a cada persona!". ¡Eso está mal! Eso viene incluso de la esclavitud usemos la fuerza humana, mantengamos a todos ¡Lo sabemos! Ahora, la esclavitud está en todas partes. Incluso en España, cuando le pagas a las personas una cantidad de dinero con el que no pueden vivir, eso es esclavitud. **Pasa en todos lados, pasa con los autónomos, pasa en Almería** Pero, como dijo Vernon, el sentido de pertenecer a la sociedad es el único Participación No sé, quizás sea la única luz que veo al final del túnel. No se trata solo de dinero. Se trata de la dignidad de la dignidad del ser interior, la dignidad de espíritu de ser necesario. Ya sabes, de ser parte de un sistema. ¡Sí, es justo eso! La sociedad japonesa

Marginal labels (right column): LMM, VdP, LMM, VdP, LMM, VdP, VC VdP, VC, CvH VC, CvH, VdP CvH

MLSD²

LMM entiende esto a la perfección. **Pero creo que ese es el camino, creo que eso es algo**

VdP **necesario en la sociedad.** Los japoneses están muy bien desarrollados. Realmente

LMM usan gente para todo Y es la sociedad más jodida de la cabeza que hay.

VdP ¡Es increíble! Tienes a un tipo en las escaleras que sube y baja y te abre la puerta durante veinticuatro horas.

LM Hacen turnos para abrirte la puerta. **Sí, así que vamos a tener a alguien que nos abanique con una palmera. XD** Ya sabes, alguien que trabaja ~~ perteneces a un sistema, entiendo ese punto, pero

CvH no creo que sea el camino. ¿Entonces

LMM cuál es? ¡No lo sé! ¡Si lo supiera, lo diría a gritos! ¡Creo que tenemos que volver a cuestionarnos cuáles son las formas y creo que las preguntas que nos hacemos

VdP son fundamentalmente erróneas No quiero estar mirando al cielo en lugar de tratar de

LMM encontrar soluciones reales. **No creo que sea mirar al cielo, creo que se trata de crear cierta curiosidad que desencadene una actitud diferente, otras dinámicas. Es decir, una dinámica diferente del individuo. Y es fundamentalmente errónea, desde el principio, de la vida de**

VdP **un hombre o una mujer o un humano.** No

ves la dignidad en todo esto. Ampliemos esto... **Sí** VC LMM
lo veo, ¡pero no creo que sea la dignidad
correcta! Tomemos un respiro. ¿Te lo has VC VdP
preguntado acaso? ¿Has hecho un estudio
social de eso? Pongamos un ejemplo. **¡No! Pero** VC LMM
ellos están respondiendo ~~ el problema
es que esa respuesta viene desde dentro
del mismo problema. Claro que van a decir
"Sí". ¡Estás hablando de ahora! ¡Aquí!

Digamos que estás lidiando con un CvH
asentamiento informal. 90% de desempleo,
si en un área muy lejana, sin servicios, sin LMM CvH
agua corriente, sin saneamiento. Todos esos son LMM
fracasos Cuando comencé a investigar sobre CvH
asentamientos informales en el área de
Hartbeespoort, había dos. Uno se llamaba
Ten Rooms, porque empezó con diez
habitaciones, ahora cubre tres montañas,
imagina la escala. ¡Jesús! Y ya no son dos, VC CvH
ahora son once asentamientos
informales. La capacidad de las personas
para sobrevivir está tan cerca de grado
cero, no tiene ninguna gracia. Prescribir
que alguien no debe tener la habilidad de
ganarse la vida y mantener a veinte
personas es una prescripción totalmente
utópica. Sí No hay otra manera de sobrevivir VC CvH
~ Seguro que hay ingenio, seguro que hay

una creatividad fenomenal, pero, aun así, la gente necesita ayuda. Y para ayudarles, necesitan ingresos. No me gustaría estar

VC repostando en una gasolinera ^{pero sí se quita esa}

CvH VC CvH ^{opción} pero la alternativa es el crimen.^{Sí, sí} No hay otra alternativa.

VC Te daré un ejemplo. Lucas. En Sudáfrica

LMM CvH hay mucho coche. **¿Qué? ¿Cómo?**

VC Coche. Plantas de montaje de

VdP automóviles. ¿Qué compañía?

VC ¿Volkswagen? No lo recuerdo. Los ingenieros llegan desde Europa y dicen: "Tenemos este nuevo sistema". Y podrían reducir trabajadores un 40%. Una nueva máquina que puede ensamblar los coches. Esas trescientas personas que se encargaban de esa tarea ya no tienen trabajo. Porque vino gente de Europa con una nueva máquina. La compañía está encantada porque ahora no tiene que lidiar con las mierdas del trabajo. Pero los trabajadores, ahora no tienen absolutamente nada, están en la calle. Así de simples son las cosas. Vivir en un país en desarrollo es mucho más difícil. Europa tiene un sistema social tan grande que la gente no consigue trabajo en Inglaterra, es mejor no tener trabajo que tenerlo. **Eso también es un problema en España.** Hasta aquí, eso es un problema. **No se puede mantener vivo a este sistema, se está matando sí mismo.** Esas personas se quedan sin dignidad.   Yo he visto a ingleses perder su propio valor. Esas personas se quedan sin dignidad absolutamente. ¡Porque ya no son parte de la sociedad! Ya están muertos ~ En África, la situación es tan grave   que ese señor que perdió el trabajo después de trabajar allí durante veinte años ha sido sustituido por una máquina. ^{Mm} Tiene que cuidar de sus cuatro hijos, de sus doce nietos ¿qué hace? Probablemente, delinquir. Se ve forzado a ello, sí. **Muy bien, hemos llegado a un callejón sin salida,   sin salida del sistema, pero entonces debemos atravesar esa pared, como Clive decía** Porque un ingeniero altamente cualificado dijo: "No quiero poner los jodidos tornillos.   Quiero hacer una máquina que le ponga tornillos." Tú no quieres estar poniendo los tornillos, pero a la persona que lo hacía en la fábrica, no le importa poner un tornillo porque en realidad estaba

Margin speaker tags (top to bottom): LMM; VdP LMM; VC; CvH VC; VdP VC; CvH LMM; VC jodidamente emocionado por formar parte de la economía. Siempre míralo desde esa perspectiva. ~~ ¡Yo lo vi! Empleé personas para construir mi casa ~ empleé a veinte sudafricanos negros que estaban desocupados y no eran empleables, les ofrecí trabajo y lo hicieron conmigo hombro con hombro. Un europeo habría mirado y dicho "¿cómo puedes hacer esto?". Eran las personas más felices que he conocido, tenían dignidad sí y podían hacer algo sí y aprender nuevas habilidades.

Entiendo eso como algo contextual, localizado en el ahora. ¡Pero todo necesita ser contextualizado! Totalmente de acuerdo, pero estamos llegando a un extremo muerto, un callejón sin salida. Hay una tecnología, una cosa que está entrando, y es inevitable e imparable. No, no, no se puede parar. No tengo duda de que va a parar. Es imposible mantener una situación en la que el 0.1% de la población mundial población mundial tenga toda las riqueza. y son dueños de todas las máquinas No es para nada sostenible. El escenario que estamos proyectando es Europa. Ahí tienes el colapso de los servicios sanitarios, sociales y demás

Por ello creo que habrá un reinicio y llegado cierto punto: la gente se comerá a los ricos. Sí, lo harán Eso es. Todo esto porque los ricos VC VdP VC no cuidan de los pobres. Tan simple como eso. Escucha esto: ¿sabías que en Sudáfrica cada familia de clase media tiene uno o dos sirvientes? ¿Sirvientes? Sí, en LMM VC casa, una señora viene todos los días a limpiar. Y en los países de Oriente próximo, VdP incluso en España. Imagínate que le quites VC ese trabajo. Ella es la que mantiene a su madre, a su hija y a los tres críos de su hija. **Sí, porque ese es el sistema que** LMM **aceptaste tener.** De hecho, lo VC apruebo. Si no hiciese eso, ella estaría sentada sin hacer nada. Sí, y eso sigue estando LMM mal Y, ahora viene alguien de Europa y me VC pregunta: "¿Cómo puedes tener a una persona así en tu casa?". **Bueno, esa es una** LMM **realidad cruel y hacemos lo que creemos** **más correcto dentro de esa realidad.** A eso VC me refiero, eso es lo que intento decir. Todo lo que podemos hacer es eso. Obviamente, no necesitamos que alguien venga todos los días a limpiar. Sí Pero si LMM VC tenemos a alguien viniendo cinco días a la semana, le pagamos un salario al día por limpiar, tenemos otra persona que hace el

MLSD²

jardín ~~ y a veces tengo que inventarme cosas para que haga en el jardín. Mi consciencia social es mayor que mi búsqueda de la eficiencia. Lo que hago no es eficiente, pero veo que les estoy dando una vida a estas personas. Eso es mucho mayor. Cuando no ayudas, el sistema colapsa. Tenemos que mantener el sistema porque el sistema no puede mantenerse a sí mismo, ya que está diseñado para quitarle el trabajo a la gente. ~ Pues cuando iba al club de golf, conocía tipos adinerados que solo hablaban sobre "¡Oye! ¡Tengo esta fábrica y solo necesito a dos trabajadores! ¡Sí! ¿De verdad? Es increíble, ¿cómo lo has conseguido?" ~ En el mundo, las personas se ven como un problema, incluso en Europa. Este es el problema ~~~ es el problema sistémico. Los humanos se reemplazan por máquinas porque son vistos como un problema. Esta es la cruda realidad. De lo que tú estás hablando es el siguiente paso   es una máquina trabajando para alguien. ¡Genial! Yo no quiero hacer ese trabajo, pero el problema es el siguiente paso hacia abajo. No se valora a las personas y no estamos trabajando juntos, ese es el problema y tenemos que elevar el nivel ~ cuando la gente dice que no es competitivo. Si se elimina ~~~ Digamos, por ejemplo, que se quieren proteger ciertas categorías de empleo en un lugar como Sudáfrica ~ se va a estropear la competencia. No hay ninguna razón por la que no se pueda subir el listón. Hay un nivel de supervivencia que tienes que asegurar ~ que tienes que mantener a la gente. ^{Mantener a la gente, sí} Claro que hay que cambiar eso. Claro que hay que trabajar en alternativas, claro que hay que encontrar soluciones y la solución creo que es el empoderamiento. Al final uno quiere entrenar aptitudes. ~ Cuando hicimos el proyecto en las barriadas, se trataba de cómo habilitar a alguien para hacer algún trabajo. Con una cierta cantidad de microcréditos, una cierta cantidad de habilidades, una cierta cantidad de herramientas para realizar una función específica que la comunidad necesite. ¡Esa es la manera de cambiarlo! Para decir simplemente "esto entra en conflicto con un principio básico según el cual un trabajo no debe ser alienante". Ya sabes, todos estamos sentados con un móvil en el

CvH

VC CvH

MLSD²

bolsillo y estamos muy felices de usarlo. Sin embargo, no cuestionamos las condiciones en las que se fabrican sus componentes, MM VdP CvH ^{sí sí} donde la gente está sentada ocho horas al día en las condiciones más deshumanizadas, separando cables de cobre a contrarreloj. Quince cables por minuto durante ocho horas. ¿Nos preguntamos por qué la tasa de suicidios es de sesenta personas por mes? Somos cómplices ~ somos cómplices en el proceso de diseño de todo ese montón de mierda, somos cómplices de los consumidores. Todos pensamos "¡Ostia! ¡Sabemos eso, pero mierda! ¿Podemos imaginarnos VC CvH viviendo sin un iPhone?"^{Mm, sí} Así que no creo que podamos prescribir a la gente ~ mientras seguimos consumiendo, mientras compramos los vehículos, mientras compramos ~ Creo que el diseño tiene una obligación, y es imperativa: hacer las cosas de manera que empoderen a las personas, ^{Sí} darles los VC medios. Y preguntar: enséñame dónde encuentras los materiales y enséñame VdP dónde y cómo los ensamblas. Confianza CvH y transparencia. Se necesita muy poco. LMM De hecho hay una empresa que hace eso: Fairphone. Sí, el Fairphone. **Sí, ¿quién lo tiene en el bolsillo? Ninguno de nosotros.** Nadie, ninguno de nosotros lo tiene. **¡Somos cómplices del mal!** Todos somos cómplices, y se resume en una cosa: corporaciones con fines de lucro. Lo siento, eso es lo que es. **Al final se trata todo de deuda.** Eso es muy profundo. Todos somos tan víctimas del marketing, que ya ni lo cuestionamos. ¿Por qué ha triunfado tanto el capitalismo? **¿No creéis que estamos viviendo el comienzo de un momento de transición?** Sí, creo que sí Por supuesto que sí **¿No nació así hace sesenta años, creció y ya está envejeciendo?** No, empieza ahora. **El encantamiento del marketing es lo que nació hace décadas, ahora estamos empezando una transición.** Sí, es eso. Sí, hemos comenzado una transición y tenemos que acelerarla. Creo que hace veinte años, no se podría haber sentado a un grupo de diseñadores para hablar sobre el medioambiente, se habrían ido. ¿Hace veinte años? Hace veinte años. Empezamos hace doce años a hablar de estas cosas. E incluso hace doce años, yo no lo

VdP LMM

VC

LMM

VC

LMM

CvH VdP

LMM

VdP

LMM

VdP VC

VdP

VC VdP

entendía del todo. Me llevó algunos años entenderlo. Imagina a los jóvenes que estaban escuchando nuestras charlas.

VC Este año hace veinte años que fui a mi universidad, llamé a la puerta {Vernon golpea la mesa dos veces} y dije: "Tenemos que hacer algo para el medioambiente" y nada. Me acusaron de ser homosexual o estúpido o algo así. Ahora me han dado un puesto y ese es mi trabajo: la sostenibi-

todos lidad XD XD XD **XD** Solo me costó veinte años llamar a esa puerta {Vernon golpea la mesa cuatro veces}

VdP Buckminster Fuller ~~~ nuestros héroes,   fueron pione-

VC ros.   Entonces

H todos VdP ¿Todavía estás grabando? No XD ¡No me lo

todos creo! ¡¿Qué?! Esta es la mejor parte **XD**

LMM todos **Se está grabando, sí.** XD XD **XD** XD

VC Estos son los debates que les estudiantes

CvH deberían tener en el colegio. Sí, ¡los están

VC teniendo! Deberían preguntar ¿Qué estamos intentando hacer y por qué? ¿Y para quién lo estamos hacien-

LMM do? **El problema es que cuando se queda en lo anecdótico, se convierte en pólvora mojada. ¿En qué momento la**

rueda cuadrada se convierte en circular
y gana velocidad? Sí, no se consigue VC
avanzar, se trata de hacer un cambio
de hábitos, si tuviéramos líderes en
el mundo mostrando el camino sería
mucho más fácil. Por eso es devasta-
dor lo de Trump. Esto no VdP
es anecdótico, Lucas, esto es
cualquier cosa menos anecdótico.. Yo LMM
no estoy diciendo eso
Es mucho más VdP
fácil continuar con "lo de siempre" "Sí, claro, VC
mucho más fácil Sí En el colegio era más fácil LMM VdP
seguir con "lo de siempre" **Igual** LMM
que lo es ahora ~~ No, entonces, hace VdP
nueve años, teníamos la crisis encima,
pero creo que ahora en las universidades, en los másteres la razón por la
que los estudiantes se matriculan en los
másteres es por la sostenibilidad. Estoy
hablando sobre querer ser parte de eso.
O estás dentro o estás fuera. **No creo** LMM
que sea una cuestión de estar dentro
o fuera, no es tan fácil.
Quiero decir que, sí, estás dentro,
pero no es como si cruzaras una puerta
y estás 'dentro' es muy complejo. Es
muy lógico es tener conciencia de sí mismo VdP VC
mm **es conciencia de sí mismo, concien-** VC LMM

MLSD²

cia Social, global, de recursos~~~

CvH se trata también de tomar acción,
no me importa cuál sea tu posición

VC LMM Es activismo **Es muy fácil sentirse éti-**
co cuando no tienes conocimiento,
no sé todo, pero yo estoy haciendo lo
VdP **mejor que puedo.** Es difícil no saber cuando te bombardean
con todo ~ es como cada fin de semana
tengo decenas de periódicos ~ se trata
del de identificar lo que es significativo
LMM o no. **Sí, sí, sí, pero todo eso, en general,**
es ruido ambiental. **Almorzando**
mientras se ve gente muerta en la tele-
visión, y misiles, y bebés hambrientos,
y hay personas simplemente comiendo,
teniendo una conversación frívola sobre
la nueva esposa de quien sea. **Todo**
está sucediendo a la vez. Como huma-
VdP **nos tenemos la capacidad** déjame decirte
LMM una cosa **de no conectar mientras pres-**
VdP **tamos atención.** El otro día,
el domingo, vi un documental sobre
VdP LMM la crianza de cerdos en España El pozo,
salvados y cómo se trata a los animales en
la agricultura intensiva. Francia declaró
que no consumirá cerdo de España y
Pero eso está bien por
LMM somos exportadores

Francia, que sea con interés, no solo con espíritu documentalista La verdad es que no me importa mucho Lucas. Al final, todo lo que hacemos tiene sus consecuencias Si, la verdad es que si el impacto de cualquier cosa que haces todo tiene sus consecuencias. En España se maltratan animales en general o en particular, pero si, es horrible la manera en que se trata a los animales. Ya sea en el ámbito, en la ganadería o en el deporte. ¿De verdad? Bueno, mira el caso de las corridas de toros ¿En serio? ¿Los toros aún están pasando? Si Si, claro Pero, esos toros son los más felices de todos los toros, ¿no? XD, se dice que son los animales más felices de España, mientras viven. Pero por no focalizar, mirad como se trata a las ovejas en Estados Unidos o en Australia también es horrible. O como tratan a las gallinas en la industria china Es absolutamente insoportable. ¿Pero qué estamos haciendo al respecto? Me da felicidad que en Francia se esten planteando estas cosas, la verdad evidentemente afectara a la economía. ¿Pero cómo tratan en Francia a los animales? Muy bien. Tienen foie gras, no se, Hay un tipo de foie gras que se hace en España

VdP · LMM · VC · CvH · VC · LMM · VdP · LMM · VdP · LMM · VdP · VC · CvH · VdP · CvH

MLSD[2]

que no está hecho mediante gavage, no lo hacen con alimentación forzada. Aparentemente, crean esos ambientes perfectos. A todos esos gansos y patos no se les fuerza y, además, viven libremente sin obligarles a reproducirse. ¿Habéis visto esa TED Talk... XD ¿Sobre el foie? Sí, sobre el foie. Habla particularmente sobre un productor...

Títulos De La Colección

MLSD[1] CONTEXTUAL
Lucas Muñoz, Joel Blanco, Formafantasma, Koen Kleijn

MLSD[2] PARTICIPATIVO
Lucas Muñoz, Clive van Heerden, Vernon Collis,
Victoria de Pereda

MLSD[3] CERCANO
Lucas Muñoz, Joan Vellvé Rafecas, Curro Claret,
Guillem Ferran

MLSD[4] URGENTE
Lucas Muñoz, Joan Vellvé Rafecas, Giuditta Vendrame,
Lorenzo Gerbi

MLSD[5] SENSIBLE
Lucas Muñoz, Joan Vellvé Rafecas, Gabriel Maher,
Roberto P.Gayo